제1시집

# 낙서 [樂書]

김광현 지음

별나인북스

# 낙서

초판 1쇄 발행 2024년 01월 02일

**지은이** : 김광현
**펴낸이** : 전유미
**펴낸곳** : 별나인북스

**경영총괄** : 최기종
**운영위원** : 스텔라 최, 이순영, 정용선
**본문디자인** : 신화정
**표지디자인** : 오정은

**등록** : 2023년 03월 15일 제585-98-01526호
**주소** : 경기도 양주시 옥정동로 10, 1922동 1104호(옥정동, e편한세상 옥정메트로포레)
**전화** : 010-3882-5032
**이메일** : choicgj1110@daum.net
**SNS** : https://www.facebook.com/choisn9b
**인쇄·제본** : 우일인쇄공사

**ISBN** 979-11-982622-2-6  03810
**정가** 12,000원

---

\*파본은 구입하신 서점에서 교환해 드립니다.
\*저작권법에 의해 보호를 받는 저작물이므로 무단전재와 복제를 금합니다.
  이를 위반시 5년 이하의 징역 또는 5천만원 이하의 벌금에 처하거나 이를 병과할 수 있습니다.

| 축시 |

## 시인의 고백

시인 **최 기 종**
경영학박사 · 작사가

시 창작은 산고와 고통
인생의 한계 뛰어넘어
오감五感을 곤두세워
글 짓고 수백 번 고치고
꿰매는 고된 작업으로

매번 창작 뒤에는
피부트러블 근육통 등
반갑지 않은
불청객이 찾아와
지친 심신 괴롭히지만

어쭙잖은 졸 시집에서
보석을 찾아
공감하고 다독여 주는
열렬 독자들이 많아
다소나마 위안이 된다.

## 낙서 1집을 출간하며

시인  **김 광 현**

    개인의 삶의 의식을 어느 형식에 맞추어 저울질한다는 것이 과연 타당한 것인가? 부모의 생활 언어와 행동 양식을 이어받아 선택의 여지 없이 생은 시작되고 개인마다 타고난 소질을 펼쳐 볼 꿈도 꾸어보지 못한 채 자신의 확고한 신념을 펴 보기도 전에 묻혀버리는 경우가 많다.

    하지만 인간은 사고력을 지닌 동물이므로 유년기를 지나면 자신만의 생각을 고취해 나가기 마련이다. 여기서 생존하기 위해 경제활동에서 또 다른 환경에 지배를 받기 마련이므로 때로는 견고하게 고립된 생존의 환경은 웬만한 충격으로도 서로가 내포하고 있는 관점이 달라 우리는 첨예한 대립으로 상대를 부정적으로 이미지화하여 적대관계로만 극대화하기도 한다.

우리네 삶이란 새로움을 수용하여 새로운 자신의 가치를 창출하는 사명도 스스로 부여하여 자신의 의지를 표명하며, 자신 있게 자신의 창조적인 청사진을 그리며 살아가야 한다는 생각을 해 보기도 한다.

우리는 태어나는 순간 이미 나열해 놓은 수많은 형식 속의 한 부분에 자신이 원하지 않아도 따라야 하는지도 모른다. 이미 만들어진 형식의 틀은 모두가 수용할 수 있는 형식일까? 이러한 거부반응이 비로소 자신의 진정한 정체성을 알고자 자신의 삶을 탐구하기 시작하는 계기의 발로로 삼는 출발점이 되는지도 모른다.

그러므로 기존의 고정된 틀에서 벗어나 세상 밖으로 나오는 순간 자신의 안에 숨어 있던 새로운 의식은 싹을 틔우고 자신만의 형식을 갖추고자 도전하고 싶은 것이 인생의 본질이라 생각한다.

자신의 이름 석 자도 쓸 줄도 몰랐던 우리의 어머니, 어머니들에게서 들려준 형식 없이 던져 주었던 그 투박했던 한마디의 언어들이 단순하지만, 언어의 강력한 무게의 파장은 자식들과 일맥상통하는 정점이 있었을 것이다.

기득권의 형식적인 틀은 우리 부모들이 살아온 절대적 가치를 단순한 잣대로 평가하려고 했지만, 우리의 어머니는 그러한 평가를 바란 적도 없었고, 형식 없이 살아보았기에 애초부터 이론가들의 일방적인 형식에 대한 예속에서 벗어날 수 있었다.

아마도 이는 근원적이고 비폭력으로 유구하게 이어져 온 순수한 틀을 어머니의 질곡한 삶에서 싹튼 누구도 형식에 귀속시킬 수 없는 고귀하고 숭고한 외침이었다고만 표현이 가능할 것이다. 이렇게 순수한 미래에 대한 새로운 의식의 싹을 품어 자식에게 물려주고 싶었던 우리 부모의 삶들을 위대한 것이라 칭송을 할 수밖에 없지 않을까?

지금 필자가 나열할 낙서들이 굳이 어떠한 형식의 범주에 속하는지 알 필요가 없을 것 같다. 나의 어머니처럼 거친 숨소리를 해녀들의 숨비소리처럼 나는 나의 내면의 세계가 어머니의 거친 숨결을 닮고 있기에, 그 고단한 삶에서 들숨과 날숨을 표현하고 있을 뿐이다.

우리 어머니들이 당신의 삶을 수백 권의 책을 써서 표현하고 싶었다던 당신들의 삶 속에서 푸념으로 내뱉던 홍얼거리던 허밍humming 같은 노랫말들을 소리 나는 그대로 낙서를 할 따름이다. 하지만 필자의 자신도 모르는 또 다른 삶의 모습이라 이해하고 있을 뿐이다. 그래도 형식은 갖추어야 한다고 하면 한 번쯤은 고집을 부리고 싶었던 막무가내 같은 막무가내니즘으로 결론지어 보기로 했다.

나는 나이기 때문에 오늘도 형식의 굴레 속에서 벗어나려 애쓰는 또 하나의 형식을 갖추려는 몸부림일지도 모른다. 굳이 이해해 달라고 부탁드리고 싶지도 않다. 느끼면 느끼는 대로 혹 문맥이 틀리더라도 단어의 의미가 그 무엇과 상충 될지라도 도무지 이해할 수 없다면, 대신 문맥을 바꾸어도 개의치 않는다. 당신이 원하는 새로운 언어를 사용해 전혀 새로운 내용으로 몰고 간다 해도 상관이 없다. 왜냐하면, 같은 사물을 보고도 전혀 다른 생각을 할 수도 있으니 말이다.

이만 지루한 서론을 마무리하면서 졸 시집의 제목을 '낙서[樂書]'라 이름 짓고, 이제부터 낙서를 즐겨 보기로 하자.

2023. 10. 25
저자 김광현

| 목 차 |

- |축시| 시인의 고백 / 최기종 ∘ 3
- 낙서 1집을 출간하며 ∘ 4

## 1. 저 별이 되고 싶습니다

저 별이 되고 싶습니다 • 13 | 봄 풍경 • 14 | 빙어의 꿈 • 16

## 2. 어울림

어울림 • 23 | 어느 가을날 • 24 | 젓갈 • 25 | 사랑 백서 • 26 | 시인의 비애 • 28 | 말똥구리 • 29 | 제비 • 30 | 부처님 오신 날에 • 31 | 단풍 • 32 | 가장인 까닭은 • 33 | 메밀국수 • 34 | 가을 의자 • 36 | 허공 • 38 | 상원사의 종소리 • 39 | 갈등 • 40 | 끈 • 41 | 등대 • 42 | 가을 여심 • 43 | 거미줄 • 44 | 비석 • 45

## 3. 시선들

시선들·49 | 가을 카페에서·50 | 자본의 속성·51 | 망중한 사이로·52 | 알 수가 없네·53 | 생은유죄다·54 | 눈 내린 아침·55 | 겨울바람·56 | 고드름·57 | 마지막 학습·58 | 돛단배·59 | 서민의 고통·60 | 촌부가 되었으면·62 | 발견·63 | 눈 내리는 겨울 병동·64 | 대나무와 어머니·65 | 패·66 | 눈 내린 아침·67 | 어머니 마음·68 | 선전포고·70

## 4. 공사장에서

공사장에서·73 | 추억·74 | 봄·75 | 鐘(종) 그리고 生死(생사)와 終[끝]·76 | 장작불·77 | 소주병·78 | 폐교에서·79 | 하루·80 | 유월의 잎맥처럼·82 | 저 별마다·83 | 머리 숙여 살리라·84 | 냉콩국수·85 | 저녁노을 하늘 아래·86 | 등나무·87 | 어느 날 우리는·88 | 한강·89 | 고향 언저리에·90 | 숲의 노래·92 | 그 바닷가·93 | 아버지의 노래·94

## 5. 그리움

그리움·99 | 마른 가지·100 | 낙엽·101 | 삶이란·102 | 밤나무 그릇 턱에서·104 | 어느 가을날·105 | 죽순·106 | 산다는 것·107 | 아름다운 것에 대하여·108 | 이 자리에 서서·110 | 봄비 내리는 소리·111 | 봄·112 | 꽃·113 | 꽃들을 비워내던 자리·114 | 인생은 승부사가 아닐진대·115 | 천년을 산다 한들·116 | 원점을 향해 가면서·117 | 술·118 | 가을·119 | 살다 보면·120 | 여백·121 | 고드름·122

## 6. 삼행시

추억의 삼행시·127 | 광일 식구들에게 드리는 글·136

# 1

저 별이 되고 싶습니다

## 저 별이 되고 싶습니다

– 문예춘추 등단 작품

빛나는 별이 되고 싶어서가 아닙니다.
타인의 우상은 더욱 되고 싶지 않습니다.

저 산을 넘어 굽이돌아
청량한 밤하늘의
이름 없는 작은 별 일지라도
밤새 뒤척이다
핼쑥해진
저 달의 기울어진 어깨를 위로하고 싶습니다.

# 봄 풍경

– 문예춘추 등단 작품

제 세상 만난 봄볕
이리저리 들락달락
하얀 대문 두드려서
목련꽃을 깨워놓고
노란 쪽문 걸터앉아
개나리와 조곤조곤
복사꽃 살구꽃
연분홍 치맛자락
요리 살랑 조리 살랑
바람 따라 했다지만

호기심에 날아드는
벌 나비들
여기저기 들쳐대고
못 이긴 척 수줍은 듯
옷고름 여미면
나 몰라라 발뺌하고
저만치 달아나며
힐끔힐끔 돌아보네.

## 빙어의 꿈

– 문예춘추 등단 작품

허영에 눈먼 빙어들도
구더기가 보석으로 보이는 게다
별을 헤다 별을 따기 위해
빙어들 세상에서
신비한 동아줄을 타고
하늘나라로 간다는
소문이 자자하단다.

누군가 뚫어놓은 블랙홀로
동화 줄을 내리면
은빛 보석을 휘감고 매달려
마지막 햇빛까지 전부 다 털리고 있는 빙어들
다시 강으로 돌아간 적이 없다는 그 말에
몸부림치고 있었네.

## ■ 심사평

 작품 속에 별들이 수 놓여 있다. 별 자체에서 풍겨주는 느낌을 이미지화 하고 있는 것이다. 그리고 이 별의 사연 속으로 시인 자신이 들어가는 기분으로 쓴 작품들이 아닌가, 별과 달 그 사이에서 시인은 위로의 마음을 다독인다. 시인의 서정은 그래야 한다. 소박하고 순수한 감성으로 시를 나름 질해야 하는 것이다. 〈빙어의 꿈〉, 〈봄 풍경〉 모두가 은유성을 잘 살려낸 한 폭의 그림이다.

– 심사 : 황금찬, 김송배, 이양우

## ■ 당선 소감

 5월의 싱그러운 아침, 한 통화의 소식은 나에게는 영원히 기억될 수밖에 없는 날이었다. 20년 전에 고향을 갈 때면 설악산을 넘어야 하는 어느 가을날 단풍이 아름다운 이유가 뭘까 하는 생각에서 낙서를 시작한 동기가 '등단'이라는 소식으로 이어진 것이 아닌가 싶습니다.

단풍이 아름다운 이유는 서로의 색을 인정해 주며 서로를 등 떠밀어 멀리하지 않아 좋은 그것이 아닐까 하는 저의 생각입니다. 누군가로부터 각자에게 주어진 하나의 시각을 선택받는다는 것은 즐거운 일이며, 개인에겐 커다란 영광이라 생각합니다.

살피지 않으면 볼 수도 없고, 생각하지 않으면 창조란 있을 수 없다는 것을 불혹을 지나 지천명이 되어서야 조금 알아가는 것 같습니다. 5월 도시의 플라타너스 가로수를 자세히 보면서, 꽃들이 화려하게 치장하지 않은 그대로의 모습으로 넓은 잎에 수줍게 숨어 은은한 향기를 뿜어내는 겸손함을 배워가는 중입니다.

그 모습이 우리가 살아야 하는 모습이 아닌가 싶습니다. 이 시대의 문학을 주도하고 있는 대선배들의 앞에서 내려놓기 부족한 글이 당선된 것에 대해 부끄러움과 앞으로는 더욱 노력해야 한다는 각오를 다짐합니다.

등단을 도와준 분들에게 해야 할 도리라 생각합니다. 한국 육필문학 발전과 문예춘추 관계자분들께 감사드리며 당선 소감을 맺으려 합니다. 앞으로 회원분들의 많은 관심 부탁드리며, 누가 되지 않는 일원이 되도록 힘쓸 것입니다. 감사합니다.

    얼마 전 작고하신 황금찬 선생님이 생각납니다. 그 많은 연세에도 쩌렁쩌렁한 목소리로 시상식 날 고향이 속초라고 말씀드렸더니 동향이라고 반기던 모습, 세상에 물들지 않은 순수한 선생님의 모습에 저절로 고개가 숙여집니다. 감히 올려 봅니다. 당신의 한 마디 인생은 자신만의 형식을 갖추고 살아야 한다는 그 말씀을 생각해 봅니다.
    기존의 형식에 구애받지 말라는 뜻으로 이해해 봅니다. 인생은 주어진 이름을 걸고 자신만의 독특한 모습을 창조해야 한다는 의미로 받아들여 봅니다. 빛나는 저 별들이 황금찬 선생님께서 영면하시면서 생전의 옥고를 천상에서 빛을 발하는 선생님의 영원한 성품의 빛이라 믿어 의심치 않습니다.

# 2

## 어울림

## 어울림

바람이 풍경을 떠밀 때
서로 다른 파장의 속삭임이
비로소 진리의 울림을 낳는다.
산사를 찾는 발자국 소리
차분히 멈추고.

## 어느 가을날


나는 지금
이름을 지으려 합니다.
이글거리던 열정은 어디 두고
가시처럼 마른 핼쑥해진 모습들
마구 내 품에 안기는 가을 햇살의 이름을
끝내는 내 두 눈마저 감기게 하는
오후
묵은 낙엽의 잎맥처럼 닮은
허한 햇살의 하얀 목에 두른 얼룩진
어설픈 유행을 두른 스카프
햇살은 온 몸으로 나를 끌어안아 보듬고 있습니다.
사랑하는 사람들의 이별처럼
못내 허탈하게 주저앉는 한숨들
여름이 겹던 눈물이 메마른 얼룩들
가을은 눈물을 보이지 않으려는
스카프를 맨 목이 긴 여인들이 떠나는 뒷모습.

# 젓갈

젓갈을 좋아하시나요.
처음엔 다 그렇지요.
간이 배지 않은 탓도 있지만
삭이지 않은 가시들이
입천장을 찌르기 때문이지요.
몇 해를 묵혀야 하는
젓갈도 있잖아요.
젓갈은 오래 삭힐수록
감칠맛이 나잖아요.

## 사랑 백서

사랑은 모두가
첫사랑 이어야 합니다.
왜냐하면
같은 대상일지라도
조금씩 변하는 감정은
처음과 다르기 때문이고
시시각각 변하기 때문입니다.
우리는 매 순간
변하고 있다는 말입니다.
사랑할 줄 안다는 것은
그 순간마저
처음처럼 사랑할 줄 아는
첫사랑을 말하는 것입니다.

조금씩 변하는 환경에
익숙해져 가는 나태함이 아니라
그 마음을 읽어 간다는 것
언제까지나 우리의 마음은
늘 어제와 또 다른
새로운 것들이 깃들어
우리가 사랑한다는 말은
새롭게 깃드는 것들을
처음처럼 사랑해야 한다는 말입니다.
늘 한결같은 사랑이 된다는 것입니다.
새롭다는 것은 신비로운 것
사랑은 늘 신비로운 것이기 때문입니다.

## 시인詩人의 비애悲哀

표절의 시비도 없는
언어를 찾아 몇 권의 책을 들춘다.
책을 덮었다.
끔찍한 지적 재산권의
법령을 어긴 것이다.
육법전서를 통제로 삼킨 재판관의
서슬 퍼런 한마디 석명釋明하라.
우수수 떨어지는 낙엽
모두가 피고를 닮았다.
가슴 조여 주워 담는 방랑자여
메마른 가슴을 달고 사는 운명이여
그대의 이름 시인이여
지금은 재판 중 침묵하라
죄인이 되고 싶다.

# 말똥구리

소의 발굽을 피해
소화불량으로 남겨진
세상에서
제 몸보다
더 큰 식량 짊어지고
집으로 향하고 있네.

## 제비

맨손으로 터를 잡고
이것저것 물어 다가
알콩달콩 알을 낳고
어미 사랑 아비 사랑
입 벌려 마다 않고
키운 자식 어디 두고

올해도 찾아들어
헐은 집 고쳐 들어
지지배배 지지배배
떠난 자식 그리운 듯
지지배배 지지배배
날콩 들콩 다시 품어
지지배배 웃다 울다
한 세상 살다 보면
지지배배 지지배배
팔자 거니 하자 하네.

## 부처님 오신 날에

불성의 합장 소리
새날이 되고자 두손 모아
밤새 불성은 허공에 맴돌다.
처마 끝에 풍경 소리 가득하고
부처님 오신 날에 설법 듣자
野壇法席
비바람도 연등 밝혀 六處에
인연 맺어 보살이 되고자 하네.
도포 자락 바람 일어 가득하고
愛慾의 애절함이
空虛에 당도하여
虛空에 구름같이 머물자 하네.
백팔번뇌 있을쏜가
열반이 저기런가.

# 단풍

단풍이 아름다운 것은
각자의 색을 간직한 채
어디 하나 등 떠밀어
멀리하지 않아서 좋다.

단풍이 아름다운 것은
너그러운 마음으로
서로의 얼굴을 어루만져
비벼대는 그 모습이 좋다.

단풍이 아름다운 것은
서로서로 어깨동무
가을 하늘 너스레 바람에도
손짓하는 모습이 좋다.

## 가장인 까닭은

화려한 꽃을 보면
꽃잎은 아내를 주려는 마음이고
달콤한 꿀은 아이들에게
그 향기는
거실 가득 채우려는 마음입니다.
내가 가질 수 있는 것은
거친 씨앗을 품어
소중히 간직할 뿐입니다.

# 메밀국수

척박한 곳에서도 애써 숙명처럼
뿌리를 내리고 자신의 삶을 태연히 흔들었지요,
화려하지는 않지만 누구나 좋아하는 메밀꽃
메밀꽃 위로 산들바람 불면 하늘하늘 잠자리 날고
어머니의 하얀 꿈들이 일렁거렸지요.
한구석엔 애잔한 마음이 들기도 했지요.
척박한 땅에서도 바람이 불면 부는 데로
씨앗이 뿌려지면 뿌려지는 데로
간신이 궁둥이를 붙이고는 잠시 한숨 돌려
홀로 뿌리내려 일어서는 메밀이지요.
적당히 반죽해 국수틀에 넣고 힘껏 누르면
어머니의 가락이 되어 흘러나왔지요.
지금 여러분이 드시고 있는 메밀국수는

어머니의 척박한 삶 속에서 배어 나오는
유연한 가락이지요.
이 유연함을 적당히 잘라 나눌 줄 아는
어머니의 깊은 속마음 이구요.
그 껍질마저 어머니의 손이 되어 지친
일상을 잠들게 하고
오늘
누군가 내게 잘못을 했다면
유연한 어머니의 마음처럼 용서하시고
내가 누군가에게 잘못했다면
메밀의 껍질이 되어 보세요.
그럼 오늘 하루 편히 잠들 수 있을 겁니다.

## 가을 의자

의자가 되었습니다.
붓다가 붓다가
차라리 사슴 발목처럼 가느다란
그런 긴 의자가 되었습니다.
당신에게 자신을 내주는 것은
쓰다만 시가 있기 때문입니다.

삼월은
추억이 뿌리를 내리는 계절의
뒷말 있기와

혹은
타다만 여름 노을의
잔불들이 반짝이는 별이 되어
뒷말 있기

당신은 내 가슴 긴 의자에 앉아
뒷말 있기를

가을 의자에 앉아
풍만해진 말들의 젖가슴처럼
풍만한 말의 엉덩이처럼
찾아드는 바람난 쓸쓸함이 곁눈질하는
뭇 사내들의 속셈
가을은 이렇게 끝을 맺으려 합니다.

# 허공

온종일
가르며 헤집어 놓은
허공의 상처들
내 손길이 닿을 것 같은
서산西山 발치에서
피멍이 든 채로
찢기고 핥힌 상처가 누우려 하고 있다.

하루 종일
내가 내뱉은 말들이 뜨거운 낯빛으로
붉게 물들이고
마치 모든 것이 들킨 것처럼
아무런 말 없이
아스라이 땅을 겨우 딛고
햇덩이를 뱉고 있다.

# 상원사의 종소리

낭랑한 목탁 소리
잠기듯 잠길 듯
귀뚜라미 또르르
불경 소리 따라 읊고
아침 햇살 저 산기슭
겹겹이 물들이고
빗겨 떠민 풍경 소리
쇳소리 같이 울고 웃다.
홍엽은 제 몸같이 불사르다
뜨거운 가슴  부여잡고
번져가는 저 얼룩들
엎치락뒤치락
가슴앓이
동종 하나 매달려
이 밤도 지새겠네.

## 갈등

처음 만났을 때
두손 마주 잡고 딸처럼 지내자고
세월이 흘러
미운 정 고운 정 다 들어
미운 정만 들추어낸다.
차라리
같은 여인으로 살자고 할 것을
피 한 방울 섞이지 않았는데
애당초
딸이 되길 바란 게 잘못이지.

# 끈

지구에 말뚝을 박고
개가 끈을 묶고 힘들게 끌고 있다.

개가 짖는다.
사람들이 올라타 개를 힘들게 한다.

개는 개 끈만큼 자유를 누린다.
사람들 허리에도 끈이 묶여 있다.
한 치의 여분도 없이 혼자 묶여 있다.

## 등대

다소 곧이
임 떠난 먼 길처럼
다소 곧이
기다리는 임 마중
살포시 빨개지는 얼굴 인양
과년한 딸자식 초행길 얼싸안고
흰 적삼 눈물적시울까?
저기 저편 바라보듯
초롱불 치켜들고
그믐달 차고 넘치도록
끌리는 치맛자락
잔잔한 파도같이 접어들고
이 밤도
찰랑찰랑 꼬박 지새우겠네.

## 가을 여심

당신은
스쳐 가는 바람인 줄만 알았는데
이 마음 들키고 말았습니다.
당신이 몇 잎 주어 잊은 척 흘리면
한 잎 주어
들키지 않고 당신 곁으로
못 잊은 척 안겼을 것입니다.
더욱 붉어진 내 얼굴
그대 품속에서 숨을 고르고 싶은 마음
당신도 어쩔 줄 몰라 하면서
목석같은 그대
마음은 한없는 새털구름이면서
나처럼 들키고 싶어 하면서
진정 가시려 하는 건가요.

## 거미줄

뒤뜰 선반 위

당신 유품에 손을 대려는 데
허공이 흔들린다.
누구나 한구석 매달려
흔들흔들 살아가고 있는 것이라고
그리고 아직 멀었다고
흔들거리는 것과
모든 것에 대하여
거미가 아버지의 유언을 지키고 있다.

## 비석 碑石

某月 某日 몇 자 적어놓았다.
이것이 살다간 전부다.

#  3

시선들

## 시선들

지하철 안에서
맞은편 사람 사이에서
서성이는 나를 닮은 유령을 본다.
맞은 편 사람도
자신의 유령에게 쫓기고 있다
나는
상대의 눈을 똑바로 바라볼 수 없다.
눈을 마주친다는 것은
말을 걸겠다는 것이다.
창밖에는 유령들이 눈을 흘기고 매달려 있다.
유령들이
말을 걸지 못하게 하는 것이다.

## 가을 카페에서

가을은
혁명의 열정
사랑의 열정이
짙게 물들인 카페의 손잡이

가을은
혁명의 향기
사랑의 향기
카페의 짙은 향 내음

가을은
혁명의 그리움
사랑의 그리움
그리움에 눈물짓던 구석진 자리.

## 자본의 속성

여우 목도리를 하고 여우를 잡아먹은 여우가
로데오 골목으로 들어선다.
여우 털로 된 옷을 입고
소가죽으로 된 긴 장화를 신고
활극을 버린다.
여우가 소를 길들여 창자를 먹어 치운 다음
시뻘건 입술로 소의 가죽마저 벗기려 하는 것은
소가 자꾸만 지폐를 되새김질하기 때문이다.

## 망중한 사이로

세월이
세월을 떠밀며
세월을 위해
텅 빈 자리를 내주었습니다.
세월이 다가와
세월의 빈자리를 메웠습니다.
세월이 떠나간 자리
세월을 이끄는 이가 있는가 하면
세월에 이끌리는 이도 있습니다.
세월도 그도
세월을 따라가고 있습니다.

## 알 수가 없네

어제 스님이 찾아와
생명의 고귀함을 말해 놓고
스님이 딛고 간 발자국엔
개미 한 마리
오늘 산사를 찾은 것은
개미의 사연을
묻고자 한 것은 아닌데
스님은 보이지 않고
풍경소리만 듣고있네.

## 생은 유죄다


우주의 1번지 지구라는 교도소에서
우리는
우리라는 우리에 갇혀
사는 무기수이다.
이 안에서 어울리지 못하면
나와 너는 독방에 갇히기도 하는 것이다.
하루하루 일당으로 죗값을 치르던
자신과 동침 했던 출소자를 배웅하며
그의 생을 들려주며
서울의 1~1번지라는 종로의 어느 공원에서
하루 밖에 허용될지도 모르는
한 "때"를 얻어
한 "때"를 살기 위해 줄을 서야 하는
우리는 무기수로 사는 것이다.
생은
날 때부터 유죄인 것이다.

## 눈 내린 아침

눈이 내렸네요.
아침 일찍 남겨 놓았네요.
누구의 자국일까요.
그 삶의 무게가 짐작되네요.
한 치의 오차도 없이 밟고 있네요.
눈이 제법 내린 탓은 아닌 것 같네요.

눈이 내렸네요.
아침 일찍 적어놓았네요.
누구의 역사일까요.
그 삶의 무게가 짐작되네요.
단숨에 읽기엔 부족 할 것 같네요.
눈이 제법 내린 탓은 아닌 것 같네요.

## 겨울바람

날줄 씨줄 바람줄 엮어 만든
창호지 칸칸마다
찾아든 저 달 조각
얼룩이 설인 침묵을 듣다
같이 잠이 들고

애절한 울음으로
비집고 파고드는 칼바람을
문풍지 농현弄絃하고

한바탕
회돌이 질
바람에 살풀이라고

바람은 차디찬데.

# 고드름

사무치게 시린 가슴
임 그리워 지샌 이 밤
한나절 해거름에 녹아볼까 하건마는
하염없이 임 그리며 떨어지는 눈물일세
한낮에 녹은 가슴
한밤에는 시려 울고 속이 타는 이내 마음
그 어디서 알까마는 동지섣달 지나고서
꽃이 피는 춘삼월에
아름아름 아름 안고 불현듯이 오시려나.

## 마지막 학습

쟁기질을 가르치듯
아버지는 자신의 멍에를 잡고
당신의 뒤에서 천천히 고삐가
엉키지 않게 걷는 거라 하셨습니다.
땀방울이 뚝뚝 떨어지는 링거에는
지친 황소의 눈망울이 영역한데
긴 병실 복도를 밭고랑 삼아
자식을 가르치고 끝을 향해 가셨지요
연장처럼 다루시던 휠체어에는
어머니가 앉아
저예요 누구 시라고요. 저라구요
인천 사는 막내라고요 못 들은 척
애비 바꾸라고요 하십니다.
저에게 말을 가르치고 있는 것입니다.

## 돛단배

주름진 흔적들이 허공에 걸자마자
보란 듯 펼쳐지며 말끔히 살아지네.
얼룩진 흔적이야 어쩔 수 있겠는가?
애타는 양반들아 하 세월 설다 마라.
그 마음 열어 놓으면 공허는 달아나고
한세상 그런대로 공으로 가득하리.
노 젓는 뱃사공에 흥겨운 노랫가락
한세상 모진 풍파 뉘 아니 겪겠는가.

## 서민의 고통

나라님이 하는 말씀 대출이자 싸게해서
빌려준다 하는데도 나라님의 농이거니
수하들은 탁상공론 소귀에다 경 읽기라
개똥보다 쓸모없고 신용대출 어림없고
여기저기 손 내미니 행색부터 살피고는
시끄럽다 저리 가라 담보문서 내 노라네.

난데없이 전화하여 우수고객 갔다 써라
사은품에 아양 떨던 그 양반들 어디 가고
상냥하게 웃던 얼굴 근엄하게 눈을 흘겨
엄지가락 꾹꾹 눌러 달이 차면 꼬박꼬박
이자돈을 갚으라네. 수전노가 따로 있나
알고 보면 철면피라 이런 짓이 수전노지.

입만 열면 민심 팔아 서민위해 싸운다네.
사진기자 들어서면 힛죽빼죽 웃음 짓고
만나서는 멱살 잡고 날 저물어 파장이라
여기저기 아우성은 귓등으로 듣는 건지
하루 일당 손해 보며 정성 다해 찍었거늘
철새들은 논밭에다 똥이라도 놓고 가지.

## 촌부가 되었으면

촌부가 되었으면
고개 들지 않아도
늘 저 푸른 하늘 보고
살 터인데
도시의 하늘은
여러 조각으로 쪼개져
하나둘 맞추다 보면
금세 날이 저물고 만다.

촌부가 되었으면
고개 들지 않아도
늘 저 별 하나 보고
살 터인데
도시의 저 별은
가로등에 흩어져
네온 만 바라보다
금세 날이 새고 만다.

## 발견

지하철이
지구를 따라 돌다가 멈춘 것이다.
내가 쓰러질 뻔한 것은
관성의 법칙을 잊은 것이다.
세상은
서 있는 모든 것들을 가만히 두지 않는다.
계속 따라 걷든가
이것이 아니면 저것을 잡아야 한다.
손잡이가 고리를 붙들고 있다.
손잡이를 잡은 팔목들이 시큰거린다.
간신히 귀를 붙잡은 귀고리들도
귀걸이만큼 흔들거린다.
뉴턴을 따라가던 전철이 몽땅 쏠린다.
원심력을 잃고 손잡이를 놓친 사람들
결코 웃어넘길 일이 아니다.

## 눈 내리는 겨울 병동

생의 호된 인연들을
가을이 혼자서 거두기란 벅찬 것이지
겨울이 오는 것은
시퍼렇다 못해 붉게 피멍 든 가을 상처까지
감염되지 않은
저 새 하얀 거즈로 닦기 위함이지
부러진 사랑들을
석고처럼 칭칭 감아 아물게 하기 위함이지
인연의 상처가
이렇게 진물 일 줄이야 얼룩 일 줄이야
천사처럼 사뿐사뿐 내려와
뽀드득 뽀드득 상처를 닦는다.
인연을 접는 소리들
인연이 저렇게 뽀드득 뽀드득
새 하얀 소리를 낼 줄이야
퍼붓는 포르말린 가루들.

# 대나무와 어머니

사람들은 겉만보고 대쪽같다 말들하지
그 뿌리는 이리저리 얼키고도 설켰는데
사람들이 겉만보고 대쪽같다 하는 것은
엄동설안 모진풍파 굳굳하게 버텨서지

사람들은 겉만보고 대쪽같다 말들하지
그속내는 마디마디 허공으로 가득한데
사람들이 너도나도 대쪽같다 하는것은
살다보면 가슴앓이 야무지게 비워서지

대쪽같은 그대심사 청파같은 머릿결로
살래살래 흔들어서 아니라고 한다지만
허전함은 마디마디 그속에서 산다해도
등골파인 그 흔적은 무엇으로 지우겠소.

## 패

오늘도
하나의 패를 내려놓았습니다.
필요한 패를 가지고 왔습니다.
짝을 맞추고
내일 내려놓아야 할
패를 고르고 있는 중입니다.
그렇게 아버지도
주거니 받거니 하시다
다 내려놓고 가셨지요.
개평 삼아 무명 한 벌
피박처럼 걸치고 가셨지요.
그 자리를 대신하여
불효자
손 한번 잡아보겠다고
짝을 맞추고 있나이다.

## 눈 내린 아침

우리 집 아이가
아침 일찍 일어나
베란다 창가에서
작은 손으로 성애를 걷어 낸다.
간밤에 내린 흰 눈을 바라보며
자기가 볼 만큼
흰 눈 만큼이나 고운 손으로
작은 세상을 만들어
작은 마음으로 아침을 열고 있다
무심無心히 연 세상
아내가 아침을 닦아
거실에 아침을 걸기 시작한다.

## 어머니 마음

동구밖에 우리엄니 굽은허리 에고에고
꿉혔다가 폈다하며 조석으로 지극정성
아들손자 무사귀향 몇날며칠 빌었을까
그러시다 허리삐긋 엉켜지면 어찌하오
사랑방에 군불짚혀 뚫린창호 달님들면
고이고이 잠드시고 햇님들어 날밝으면
쉬엄쉬엄 기다리소 이는바람 차디차서
까치밥도 하얀고깔 귀밑까지 눌러쓰고
귀찮은듯 그렇다고 버릇없이 까닥까닥
인기척에 깜작놀라 깍깍대고 짖는까치
호들갑을 떨거들랑 그때가서 맞이하소
속마음은 들켜놓고 바람불어 오지마라
눈비와도 오지마라 진정으로 믿으리까

곡간열면 참깨기름 무말랭이 한봇따리
설날아침 손자손녀 쓰다듬고 주고싶은
고쟁이속 비닐봉지 돌돌말린 쌈지돈들
너도나도 사정있다 이번에도 못갈라요
가슴절인 그한마디 듣는엄니 어떠할까
모진풍파 분다해도 어찌아니 뵈올거나.

## 선전포고

하나만 알 때가 좋았는데
둘, 셋, 넷, 다섯,
손가락을 셀 수 있는 세월도
웃어넘기기엔 심상치가 않다.
열 손가락을 다 세고 난 뒤에
열하나, 열둘, 열셋,
자꾸만 셈이 늘어나는 것을 보면
둘이 만나면
다투는 것이 전쟁일 수도 있겠다.
하나, 둘, 셋, 선전포고일 수 있겠다.

# 4

공사장에서

## 공사장에서


잠을 설친 사람들이
이른 새벽부터 씩씩거리며
톱을 들고 오더니 하루를 잘라 토막을 낸다.
망치와 마루
갈고리로 토막 난 철근을 다시 엮는 사람들
마루로 힘껏 저치면
적어도 몇십 년 후에나
산산이 부서질 세월의 조각들이 들썩거린다.
그래 아이들이 즐거워하는 것은
하루에도 열두 번씩 들썩거리는 것들이지
그래 그렇게 꿈을 꾸는 것일 거야.

## 추억

가끔 지나가는 버스 한 대
십리 길 비포장도로
흙먼지만 피우고
까까머리 동무들
하굣길 철둑길에
무 한 뿌리 몰래 숨겨
옷소매에 문질러
한입 두입 논두렁 따라 대문 앞
어머니는 밭에 나가고
까-만 솥뚜껑 열면
찬밥 한 그릇
부뚜막에 홀로 앉아
밥 한숟갈 입에 넣고
고개 들어 열무김치 배를 채우면
형님 누나 운이 없어 솥뚜껑 소리뿐.

# 봄

참 이상도 하지요.
며칠 전 금방 피어날 것 같더니
꽃샘추위에 숨죽인 듯 웅크리고
눈치를 보고 있네요.
화들짝 피었다 뭉개지는 목련도
세상의 눈치를 보는데
한평생 사는 사람들은 오죽할까요?
가지 끝에 매달린 마주친 눈치들
눈을 뗄 수가 없네요.
누가 먼저 꽃을 피울까요,
먼저 잊어지는 것보다 낫겠지요.

## 鐘종 그리고 生死생사와 終[끝]

– 09년 4월 7일 삼촌을 마중하며


鐘(종)은

萬古江山의 침묵을 녹여

차근하게 여미어

진정한 맑은소리를 담기 위함이다.

生(생)과 死(사)는

채움과 동시에 비우는 것이며

그리고 그 終[끝]은

텅텅 소리가 나게 비워

허공이 드나들게 하여

無我의 경지에서

공을 담는 그릇이 되는 것이다.

## 장작불

누구를 위해
스스로 타는 불이 되었는가?
나는
너의 뜨거운 정열의 춤사위를
들여다보려
얼굴을 가까이하려 했지만
나는 너의
화려하고도 진실한 몸짓에
너무 부끄러워
화끈거리는 낯뜨거운 얼굴을
두손으로 가리고 말았다.

## 소주병

몸을 숙여 속을 비우는
저 화통함
어찌 아니 취하리오.
비우고도 안 비운 척
그대로인 모습처럼
공명으로 화답하는
저 가득 찬 울림
투명하게 채근하는
저 모습
어찌 아니 취하리오.

## 폐교에서


거미가 교실마다 그물을 쳐
말 같지 않은 말들을
칭칭 감아
미라처럼 간직하고 있었다.
멈춘 종소리는
실을 꿰어 불러보자던 빛바랜
실 전화기의 옛말들을
조용히 듣고 있다
제잘 거리던 말들이
그네를 탄다.

# 하루

어둠의 태반에서
탯줄을 자르고
어둠의 양수를 쏟아내며
하루에 한 번씩 태어나
우리는 하루를 살다 가는 것입니다.
막 태어난 망아지처럼 뛰어도 보다가
여자아이들이 길게 늘어놓은
고무줄 같은 세상을 잘라
그 탄력과 실제의 길이를 재보기도 하면서
혹 우는 이가 있으면
같이 울기도 웃기도 하다가
해 질 무렵 서로 눈이 맞은 이와 손을 잡고
하루를 다시 감아 우리는
새로운 죽음을 맞아야 합니다.

어둠의 양수 속에서
밝은 내일을 위해
오늘 밤 새롭게 잉태를 해야 합니다.
자르다가 튕겨 나간 까만 고무줄도 어딘가에서
조금 더 길게 늘어나는 꿈을 꿀 것입니다.

## 유월의 잎맥처럼


청춘이여 단연코 낡은 유물로 남지 말라
아침에 일어나 기지개 펴고
푸릇푸릇한 파란 잎맥들이
타고 흐르는 엽록소를 불태우고
힘센 팔뚝을 키우며
한낮에도 뜨거운 태양 아래 고백하는
순수한 양심을 배워라
계절에 순응하며 작은 바람에도
손짓하며 낙엽이 될 줄 아는
고뇌를 배워 나가라
청춘들이여 낡은 유물은 던져버려라.

## 저 별마다

저 별마다
너와 나의 이름을 붙여놓자
밤마다 펼쳐놓는 단 하나밖에 없는
원탁에 모여앉아
하루의 일들을 이야기하자
위로받고 싶은 별들을 위로하자
잊어버리고 싶은 것은 잊자
기억하고 싶은 것은 기억하자
반짝이는 눈빛을 주고받으며
서로의 이름을 불러보자.

## 머리 숙여 살리라

머리 숙여
무릎을 구부려 보리라.
몇 뼘을 지나가는데
낭창낭창한 허리가 부러질세라
제 몸보다 더 큰 먹이를 물고
수백 번의 걸음을 옮기는 분주함을
지천명으로 들어선 길
불편한 것이 없어라.
진정한 심안인
돋보기를 쓰고
낮고 작은 곳에서 펼치는
거대한 세상의 의미를
읽어 내려가리라.
더욱더 낮은 곳으로
몸을 숙여 보리라.

## 냉콩국수

이렇게 더운 날에
한 조각 남극의 빙하를 가져와
뽀얀 설원을 만들고
아침에 빻아놓은 태양초로
온 누리에 눈부시게 뿌리면
세상은 그렇게 아름다웠습니다.
한입 가져와
후루룩 허물기엔
참으로 망설여지게 합니다.
그래도 서툰 쇄빙기로 사각사각
떠도는 빙하를 부수고 있습니다.
아내의 차가운 손을
꼭 잡아줘야 할 것 같습니다.

## 저녁노을 하늘 아래

이러쿵저러쿵
입방아에
오르내리던 이도
쑥떡쿵
말 방아 찧던 수다스러운
아낙네도
자신의 그림자를
길게 늘어뜨리는
서산 노을 꼬리에 붙은
잔불을 끄고 있네.

# 등나무

정원사의 삭둑거리는
가위소리에도 서슴없이
팔목을 맡기는
저 강심장
손목이 잘리는
고통을 참아내는
천연덕스러움
또다시
팔목을 휘저어
허공을 잡고 일어서리라.

## 어느 날 우리는

어느 날 우리는
꿈에서 깨어나
지구라는 텃밭을 딛기 시작했지요.
나는 경작을 하기 시작했지요.
당신은 바다에서
고기잡이하고 있더군요.
온갖 날짐승들도 지구를
훑고 있는 중이었지요.
건질 것이 없다고 서러워 맙시다.
흉년이 들 때도 있었으니까요.
우리가 던져 버린 빈 껍질이 썩어
누군가 풍년의 기쁨을 누릴지
그것이 우리가 바라던 꿈일 테니까요.

# 한강

구부러지고
뒤틀린 것들아
너희들이
뱉어 버린
싱겁디싱거운
그것들을 끌어안고
바다로 가리라.

## 고향 언저리에

고향 언저리에
'돌방굽이'라고 불리는 곳이 있었지요.
바람도 굽이돌고 사람도 굽이돌아가는 곳
객지 생활 30년 만에 그 길 돌아보니
가던 바람
돌던 사람
세상만사
쉬어가던 그 자리
흔적 없이 세월 따라 가버렸지요.
아버지로부터 굽이돌던 곳
장터에 가신 어머니도 굽이돌아오실 때
내 어머닐까 설레던 너럭바위
그곳을 '돌방굽이'라고 불렀었지요.

어느 마을마다 그런 곳이 있겠지요.
그래요 우공이산이라 칭송을 하자구요,
덕분에 너럭바위에 새겨둔 미움도 미련도
슬픔도
모두 살아졌으니.

## 숲의 노래

파릇한 잎맥 위에
제 몸처럼 높은음자리
느릿느릿 옮겨 놓고
폴짝폴짝 청개구리
마디마디 짚어 가면
짧은 마디 그 고음들
풀벌레 장단 맞추어
산새들 노래하네.
산들산들 지난 시절
감실감실 보일 듯이
이는 바람
한시름 잊자 하네.

# 그 바닷가

– 내 고향 동해를 그리며

그리운 사람들아
바다로 가자
하얀 파도 밀려와
문질러 버린
흔적들
너스레를 떨며
싸한 그리움 밀려올
바다로 가자.
묵묵히
기다리고 있을
해 저물어도 누워본 적 없던
등대지기 떠난 곳으로.

## 아버지의 노래
– 8월 23일 아버님 묘소에서


나는 이제 이곳에 없단다.
한 자락 바람과 구름

봄이 오면
한줄기 비가 되어 따스한 온기 되어
나의 허 겁을 파랗게 물들이기도 하면서

여름이 오면
햇살같이 강가를 따라 흐르다
들판 가득 오곡을 쓰다듬기도 했었지.

가을이 오면
낙엽 되어 밟으라 하고 잠시라도
세상의 발끝들을 불러 세우기도 하면서

겨울이 오면
하얀 미소로
너에게 어깨에 내려앉기도 했었지

너희 곁을 떠난 뒤
언제 나처럼 어디든 머물러 있는 거지
어쩌다 별처럼 내려다 머물러 보기도 하면
네가 내려놓은 또 하나의 어깨가 있었지.

더 이상 내가 이곳에 없음을 알면서도
버릇처럼 찾아준 너에게
한줄기 벗이 되고 싶구나.

# 5

그리움

## 그리움

나는 아날로그
당신은 디지털
당신을 알 수는 없잖아요.
태반처럼 담긴 진공관 속
그리움의 박제를
LP판 위에 올려놓고
건전지가 다할 때까지
희미하게 늘어지는
바늘 끝 옛이야기를.

# 마른 가지

모든 것을
다 내준 이 간난艱難을
후회하지 않으리라
작은 바람에도
흔들거릴 수 있는
자유보다
행복한 것은 없으리라
마지막 남은
한 잎까지 털어버리고
가지 끝마다
허공을
깃발처럼 매달고서
마음껏 외쳐보리라
이 홀가분한 자유를 위하여.

## 낙엽

낙엽
낙엽은 바람의 이별에 손짓

낙엽
낙엽은 바람을 닮은 여인의 몸짓

낙엽
낙엽은 바람이 적어놓은 얼룩진 편지

낙엽
낙엽은 바람 같은 여인이 헤집어 놓은

쓸쓸한 나그네의 이야기.

## 삶이란

겪어야 할 모든 것들
즐거움, 슬픔, 미움, 미련, 아쉬움….
명예와 부, 가난 같은 것이라든가
위와 같은
허들과 같은 장애물을 넘는 것일 거야
사는 동안 비켜 갈 수 없는 것들이지
성공과 실패의 차이는
단지 먼저 도달하는 그것은 아닐거야
쓰러지지 않으려 애쓰는 것뿐이지
우리는 매일 자신만의
누구도 못 한 경험들을 기록한
유전인자를 남겨야 하는 의무도 있을 거야.

인생은 경기가 끝난 뒤 돌아보는 것이지
셀 수 없는 종목들을 넘은 뒤
나는 잠시 멈추고 객석에 함성을 지르며
응원하고 싶어 당신의 종목을 위해
당신이 나에게 보내준 함성처럼
지구라는 트랙은 멈추지 않을 테니까
가끔은 객석에서 바라보는 것도 괜찮을 거야.

## 밤나무 그릇 턱에서

하늘 우러러
한 점 부끄럼 없이
하얀 속내 드러내며
밤새 양철지붕 위로
솟아내며
비우던 웃음소리
하나 가득 주워 담던
아이들은
지금 무엇을 줍고 있을까?
밤나무 그릇 턱엔
담쟁이 넝쿨 가득
그 시절로 번져가다
끌어안고
추억에 잠들고 있네요.
사부작 사부작
아침을 깨우던 귀에 익은 소리들.

## 어느 가을날

온갖 추상들의 호령으로
낮은 곳으로 번져
대지를 덮어주고 있네요.
가을은
이렇게 찬서리 등에 지고
낮은 곳을 찾아
河海와 같은
어머니의 허한 마음으로
쓰다듬고 있네요.
얽히고설킨 것들도
뾰족했던 것들도
잦아들고 있네.

# 죽순

구불구불한 속내
들추어 내지 않는
뿌리 깊은 배려
우후죽순 드러내는
가냘픈 삶의 현장
바로 세우기 위해
사부작 사부작
속을 비워내던
끊임없는 몸짓들
마디마다 동여맨
어머니의
허리춤 같은 매듭.

## 산다는 것

세상에 아름답지 않은 것이 있을까?
세상에 더럽지 않은 것이 있을까?
창밖엔
잘난척하던 것들이
온갖 꼬질꼬질하게 말라붙어
나뒹굴며 엉켜
만신창이가 되는 것들을 보라.
어디선가 저렇게 문드러지고 부서져야
또다시 꽃이 되고 향기를 피우는 것이라고
기쁨도 슬픔도
시절이 내려놓고 지나가는 것.

## 아름다운 것에 대하여

살아있는 것들은
견뎌내고 있다
한생을 사는 동안
울컥 삼킨
서러움에 눈물이
어디 한두 번이랴
참고 참다가
피워내는 꽃들처럼
어차피
아름답게 피워내는 것이다.
산다는 것은
견뎌내야 한다는 것이다.

한생을 사는 동안
내뱉은
한숨 소리들이
어디 한두 번이랴
참고 참다가
피워 낼 향기라면
어차피
향기로운 생이 되고 싶은 것이다.

피워낸다는 것은
견뎌냈다는 것이다.

## 이 자리에 서서

나는 매일 나를 만나고 있다네.
지금 서 있는 이 자리
어제 내가 나를 기다리던 곳이었다네.
나는 내가 어디서 왔는지
어디로 가는지 묻지도 않았다네.
나를 기다리는 곳에서
나는 나를 만나 나의 이야기를
하고 있을 뿐이라네.
내일 내가 나를 만나
근사하고도 고상한 말을 꾸며
어제 남겨 놓은 말꼬투리 잡고
우겨댈지 모른다네.
당신의 고집을 꺾을 생각은 더욱더 없다네.
내일은 입술에 침을 적셔 볼까 한다네.
아[我] 고집을 부려 미안하다네.

## 봄비 내리는 소리


겨우내 꿈들을 보듬어
새 생명을 잉태 한
대지의 부푼 가슴을
한껏 여민 옷고름을
풀어헤치는 소리
가냘픈 모가지를 치받쳐
대지를 뚫고 절정에 이르는
투명한 생명의 합창 소리
봄비 내리는 소리.

# 봄

피고 지는 것이 아니란다.
피는 것은 지기 위한 것이고
지는 것은 피기 위한 것이지.
사람으로 말하자면
인륜지대사란다.
혹여 서운한 구석이 있어
잠시 머물다 간 숱한 이야기들을
받아 적어 책꽂이처럼 꽂아놓은
말[言]들이 씨가 된 것이란다.
민들레 홀씨 되어 이곳저곳을 떠돌다가
어느 모퉁이에 머무르면
봄은
그 말들과 소문으로 엮은 동화책을
조름이 겨운 아이가 잠이 들 때까지
읽어주는 어머님 품속 같은 계절이란다.

# 꽃

꽃이 아름다운 것은
향기를 품어
벗들을 불러 모으기 때문입니다.
꽃이 아름다운 것은
자랑하지 않으며
고개를 숙일 줄 알기 때문입니다.

꽃이 더욱 아름다운 것은
비와 바람과 벗들이 머물다간
빈자리에
이 모든 것을 기억하고 나눌 수 있는
추억을 매달아 놓기 때문입니다.

## 꽃들을 비워내던 자리

어쩌면 그렇게
다른 색을 낼 수 있을까요.
사상도 다를 텐데
어쩌면 저렇게
다른 향을 지닐 수 있을까요.
이념도 다를 텐데
같은 곳에 뿌리를 내리고도
어쩌면 그렇게들
어울릴 수 있었을까요.
봄을 좋아하는 이유 하나만으로도
충분하다고요.
또다시 그리워하며
기다려야 할 자리
잎을 비워내야 할 자리
열매를 나누어야 할 자리.

## 인생은 승부사가 아닐진대

생은 어디서 왔는지
바람처럼 왔다고들 하기도 하고
생은 어디로 가는지
구름처럼 흩어진다고들 하기도 하고
이도 저도 아니라 하기도 하고
애당초
인생사가 승부를 가름해야 할 이유도
미워해야 할 이유도 아닐진대
사는 동안에 그만은 인연과
승부를 겨뤄야 한다면
이를 위해
하루를 버텨야 하는 하루였다면
억울한 일이다.

## 천년을 산다 한들

귀먹고 눈멀어
당연히 입이 필요치 않은
아예 그 흔적조차도 성가신
말하지 않아도 보지 않아도
꽃과 향기를 피워
벌 나비들이 찾아 들게 하고
때가 되면 열매를 맺는
완벽하게 진화를 끝낸
우리가 따라야 할 저 초목들
우리는 같은 말을 되풀이하는 앵무새
더 써 내려가 본들
예전에 누군가 다 해버린
언어를 중얼거리고 있을 뿐
수억 년을 살아 본들
저 초목을 닮을 수가 있을까?

## 원점을 향해 가면서

어쩌면
이생은 잠시 머물렀다 가는
불행할 것도 억울할 것도 없는
원점을 향해 가고 있을 뿐
어디서 왔는지 어디로 가는지
알 수 없는 무수한 추측들 앞에
이것이야 저것이야
선택의 갈림길에서 저울질해야 하는
우스운 꼴일지도 몰라
가신님들은 말이 없고
물들어가는 때를 알리는 가을 숲길의
준엄한 풀벌레 소리들.

# 술

나는 너를 기울여
내 영혼의 깊숙한 곳까지
부어 보리라
뜨겁게 달구어진 육신이
이글거리다가
네가 낭독하는 독립선언문이
잠든 나의 의식을 깨우면
만천하에
나의 해방을 고하리라
돌고 도는 세상에서
흔들거리다가
점점 더 꼬여만 가는
텅 빈 내 영혼이여.

# 가을

뾰족한 수壽를 내밀어
분주하게 나대던 것들이

별 수[手] 없이 차분히
같은 이유로 물을 들이고

모든 것을 내려놓고
수繡를 놓는 계절.

## 살다 보면

누구나 수만 번쯤은
몸부림칠 때가 있었을테지요.

앙금처럼 가라앉아 있다가
뿌리를 내린 몸부림이
연꽃처럼 피게됨을 알게되지요.

살다보면
모든 것은 내가 뿌려놓은
씨앗들임을 알게되지요.

너와 나는 숙명처럼
전혀 다른 문제를 풀고
산다는 것을 알게되지요.

## 여백

스치는 가을바람에
뚝뚝 떨어지고 마는
얼룩진 조각들이
퍼즐을 맞추려 하고 있습니다.
맞추려 해도
남겨지는 여백들
그냥 남겨놓기로 했습니다.

# 고드름

나의 어린 꿈을 지켜 주던
창검들과
어머니가 흘린 눈물이
단단히 굳어 화석 조각이 되었다는
전설들을
천사들이 간밤에 내려와
처마 끝에 걸어 놓았습니다.
부러진 창끝에선 스스로 녹는 상처를
치유하고 있습니다.
나의 칼끝을 부러드린 적들과
아침이면 동지가 되고
그리운 벗이 되어 안부를 묻고
삶은 이렇게 투명해야 하고
기다리다 보면 스스로 녹는다는
아침 햇살같이 눈 부시도록

곱던 어머니의 포근한 향기가
시리도록 시린 내 가슴을
파고들었습니다.
투명한 채로 녹아내리는 아우성들
한입 가득 베어 물던 시절.

# 6

## 삼행시

■ **추억의 삼행시**

• 광일(꿈구는 만큼 이룰 수 있다)
광~광일 식구여 포기하지 않는한 꿈은 이루어지리라
일~일렁이는 부품 꿈들 삼행시로 이름을 기억하리

• 박노일
박~박수갈채 받으리라
노~노력에 대가로 꿈들이 이루어지는 날
일~일터에서 흘린 땀방울이 꽃으로 피어나는 날

• 김명환
김~김포 뜰 황금들판
명~명장의 지혜로다
환~환희에 찬 광일의 번영 저같이 퍼져가리

• 정윤석
정~정겨운 해학은 웃음꽃 가득하고
윤~윤회의 굴래속에
석~석가모니 광일위한 공불일세

- 하천수

하~하세월 뿌린노력

천~천개의 학이되어 창공을 훨훨날아

수~수대걸처 지혜로 이어지길


- 김태기

김~김이솟듯

태~태산의 줄기되어

기~기상은 펼치시라


- 최락봉

최~최선봉에서 광일기 휘날리며

락~락낙장송되어

봉~봉사하는 마음으로 그늘이 되어주리

• 정진교

정~정진하여

진~진리를 탐구하며

교~교훈으로 삼으리

• 김형표

김~김이박 다른 성씨 광일에 모인이들

형~형형색색 수를놓아

표~표지석 만들어서 이름석자 새겨보세

• 황성욱

황~황망한 벌판에서

성~성곽을 높이쌓아

욱~욱욱청청 광일 일가 이루었노라

• 박노익

박~박수치며

노~노래하며

익~익어가는 마음마다 축복으로 가득하네

• 장영복

장~장하여라 광일이여

영~영광이 있으려니

복~복이 넘치는 광일이여

• 오영숙

오~오늘의 이 영광이

영~영원히 지속되고

숙~숙원사업 순조롭게 이루어 지길 기원하며

• 김미숙

김~김미숙 살림솜씨

미~미래는 더욱더 밝아지고

숙~숙고한 흔적으로 남으리


• 최수임

최~최후의 만찬이란

수~수수방관 하지 않고

임~임무수행 완수한 뒤 얻으리라


• 박수현

박~박꽃같이 청순하고

수~수련처럼 아름다운 마음으로

현~현명하게 대처하여 광일을 지키리라

• 송길용

송~송시열의 곧은성품

길~길이길이 이어 받아

용~용광로에 쇳물을 녹여부어


• 류근만

류~유작으로 남길 종 만들어서

근~근원의 뿌리로 삼고

만~만사가 형통하길 기원하고


• 김영석

김~김이나는 찻잔을 서로 마주하고

영~영원한 다짐을 맹세하며

석~석탑 위 높이 종을 달고 다 함께 타종하세

• 윤연순

윤~윤슬은 아침햇쌀 가득 품어

연~연못에서 연꽃과 어울리고

순~순풍에 돛을 달고 일신하는 광일이여


• 조일형

조~조석으로  뜨고 지는 해가 되어

일~일천하를 비추는

형~형언할 수 없는 눈부신 미래를 창조하리


• 이익돈

이~이러꿍 저러꿍하지 말자

익~익명뒤에 숨지말고

돈~돈독한 우리(울)을 만들어서 떳떳하게 말해보세

• **김용희**

김~김매시던 부모의 한숨소리

용~용하다는 점쟁이가 알았을까

희~희나리가 되어가던 어머니의 희망 이룩하리


• **정윤창**

정~정이 많은 사람들과

윤~윤택한 삶을 위해

창~창대한 미래를 이룩하리


• **허진호**

허~허세는 멀리하고

진~진정한 마음으로

호~호연지기 키워보세

• 김성수

김~김성수란 이름으로
성~성을 쌓듯 정성다해 살았으니
수~수려한 단풍같이 곱게 물들어 보려하네

• 윤정근

윤~윤활류 같이 서로를 화합하고
정~정겨운 노래자락 불러보내
근~근간에 듣기힘든 가락일세

• 광광순(광일에서 기르는 강아지 이름. 즉 직원들이 붙여 준 이름)

광~ 광일에 터를 잡고보니
광~광순이라 불러주어 그래도 사람 냄새 맡으며 살았네
순~순정한 마음 내어 주는 이들이 있어 짖지 않고 살았네
광순이는 직원들과 매일 눈을 마주치며, 지금껏 10여 년을 보냈다.
사람처럼 생리적인 나이를 따진다면 고령인 셈이다. 즉 팔

순八旬은 되었으리라. 지금까지 짖는 소리를 들어 본 적이 없다. 낯선 사람 말고는...

시끄럽게 짖었다면 직원들이 업무를 보지 못했을 것이다.

광순이도 잘 알고 있다. 세상의 눈치를 살펴야 살아남는다는 것을...

눈치를 본다는 것은 낮은 자세가 아닌 배려이다.

타인의 의중을 살펴 자신의 태도를 지혜롭게 나타내는 일

오늘도 묵언수행 중인 광순이에게 묵언을 배운다.

### ■ 광일 식구들에게 드리는 글

저의 인생에 짧지 않은 시간을 광일 식구들과 함께 보냈습니다. 알게 모르게 사소한 불협화음도 있었으리라 믿습니다. 인생이란 각자가 다른 시각으로 세상을 바라보는 사람들이 모여 '우리'라는 집합 속에서 '광일'이라는 공동체의 울타리 안에서 각자의 꿈을 키우고 있다고 생각합니다.

공동체의 발전을 위해 각기 다른 개성의 가치를 모아 서로의 뜻을 조율하여 협력하는 것을 협동이 아닐까 생각합니다. 사람은 저마다 주어진 역할이 있을 것입니다. 광일이라는 울타리가 무너지지 않게 떠나는 순간까지 서로의 지혜를 모아 늘 모자라는 부분을 채워 교만하지 않으며 관용을 배푸는 일원이 되기를 바라며, 그것이 훗날 자신을 뒤돌아보며 웃을 수 있는 즐거운 미래를 만드는 일일 것입니다.

관용 없이는 불가능하리라 봅니다. 관용이란 모든 긍정의 단어를 키우는 화분이 아닐까 생각합니다. 자신을 살피는 것도 화분에 뜻을 심어 꿈을 피우고 자신의 향기를 피워내는 일이라 생각합니다. 그동안 인연을 맺었던 광일 식들의 이름을 삼행시로 기억하고자 이름을 빌렸습니다. 그럼, 광일 가족의 가정에 항상 향기가 피어나길 기원합니다. 감사합니다.

김광현 드림